AUTOREN
Dr. med. ECKART von HIRSCHHAUSEN

&

....
(Name)

Rowohlt

Dieses Buch ist für mich von persönlichem Wert.

Sollten Sie es gefunden haben, freue ich mich, dass Sie es mir wieder zukommen lassen.
Ein Finderlohn von .... sei Ihnen gewiss (gilt nicht für Familienangehörige!).
Bitte kontaktieren Sie mich gleich über ....

1. Auflage Oktober 2009
Copyright © 2009 by Rowohlt Verlag GmbH,
Reinbek bei Hamburg
Text & Ideen Dr. Eckart von Hirschhausen
Redaktion Susanne Herbert
Gestaltung & Illustration Esther Wienand, Christine Skwara
Assistenz Illustration Änni Perner
Pinguin-Illustrationen Jörg Pelka
Titelfoto «Glück kommt selten allein ...» Markus Hauschild
Druck und Bindung CPI – Clausen & Bosse, Leck
Printed in Germany
ISBN 978 3 498 03005 6

...

Wie sähe mein Leben aus, wenn nicht Geld, **sondern Glück** die wichtigste Währung und Entscheidungsgrundlage wäre?

Herzlich willkommen in IHREM Buch!

Liebe Autorenkolleginnen und -kollegen,

vor Ihnen liegt ein Buch, das Ihr Leben verändern kann. Ich weiß, das haben schon viele Bücher behauptet. Also nochmal etwas bescheidener: Vor Ihnen liegt ein Buch, das Sie verändern können. Das kann ich Ihnen versprechen – für alles Weitere sind ab jetzt Sie zuständig.

Über viele Jahre habe ich mich als Arzt und dann als Kabarettist und Autor mit den Themen Glück, seelische Gesundheit und positive Psychologie beschäftigt, und immer wieder werde ich gefragt: Was ist denn nun «Glück»? Die mir wichtigste These zum Glück ist: Glück kann man können. Glück ist etwas Aktives. Nichts, was wir einmal finden oder worauf wir geduldig warten müssten. Glück ist die Summe meiner täglichen Gedanken und Handlungen. Glück ist eine Frage der Übung, nur meistens üben wir das Falsche.
Das mag jetzt etwas platt klingen. Aber für alle, die es genauer wissen wollen, habe ich ja schon «Glück kommt selten allein …» geschrieben. Und wenn Sie es gelesen haben, werden Sie in diesem «Arbeitsbuch» einiges wiederfinden, aber auch viel Neues entdecken über angrenzende Gebiete wie Humor und Anti-Ärger-Training. Ein paar meiner Lieblingszitate, Witze und Gedankenübungen, die nicht mehr ins große Buch passten, habe ich zwischen den Zeilen für Sie versteckt. Und Sie werden an vieles erinnert, was Sie vielleicht schon einmal überblättert haben. Für später.
Glück ist jetzt. Und Glück kommt selten allein. Glück kommt nicht mit Hufeisen und Schornsteinfegern, sondern mit Freunden, Sinnlichkeit und Sinn im Leben. Ein vierblättriges Kleeblatt ist nicht immer ein

gutes Zeichen, erst recht nicht, wenn es neben einem Atomkraftwerk steht. Ein gutes Zeichen ist, gar nicht ständig glücklich sein zu wollen. Denn Glück muss vorbeigehen, um Platz zu schaffen für Neues. Dauerhaftes Glück ist so langweilig wie ewiges Leben oder ein «All you can eat»-Buffet jeden Tag. Es gibt «Kicks», an die wir uns schnell gewöhnen, und es gibt »Glücksbringer«, die sich weniger rasch abnutzen. Gute Musik, neue Erfahrungen und alte Freunde sind «langlebiger» als Geld, Sex und Schokolade. Aber das kann bei Ihnen ja auch alles ganz anders sein. Ich weiß es nicht. Wissen Sie es?

Dieses Buch ist eine Einladung, IHREM Glück auf die Schliche zu kommen. Es ist kein «Selbsthilfebuch», das von selbst hilft. Es ist vielmehr ein Begleiter. Und das Gute: Es hält die Klappe, wenn Sie es wollen. Die folgenden Übungen sind die brauchbarsten, die ich in der Glücksforschung gefunden habe. Blöderweise wirken sie nur, wenn man sie auch macht. Und dann können unscheinbare Dinge – wie Momente aufzuschreiben, in Stille zu sitzen oder im Adressbuch einen Kringel zu machen – eine Menge verändern.
Und es lohnt sich – für uns alle. Glückliche Menschen sind gesünder, erfolgreicher und hilfsbereiter. Deutschland ist eines der reichsten Länder der Welt, aber bei der Zufriedenheit liegen wir auf Platz 35. Glück ist keine Privatsache. Wir stecken uns mit unseren Gefühlen ständig gegenseitig an. Und ich wünsche mir für Sie und auch für mich, dass Sie eine Infektionsquelle werden für andere, ein «Epizentrum» einer kleinen Glücksepidemie. Die Welt ist schlecht, und das ist das Gute an ihr. Denn nur so können wir sie ein bisschen besser machen. Jetzt geht's los ... VIEL GLÜCK!

ICH BIN EIN DAUMENKINO!

EINEN MOMENT BITTE...

Wozu schreibt man ein Tagebuch? Haben Sie mal ein altes Tagebuch von sich durchgeblättert? Ein Klagebuch. Dass man das überhaupt überlebt hat! Ein Jammertal: «Das war schlimm, ja, das auch, wie, das hat der Idiot tatsächlich mal gesagt? Habe ich völlig vergessen, gut, dass ich es aufgeschrieben habe!»

Tagebuch schreibt man am ausführlichsten, wenn es einem richtig schlechtgeht. Wenn es einem gutgeht, hat man nachts etwas Besseres zu tun. Aber einmal angenommen, jemand findet in 100 Jahren Ihr Tagebuch. Was für ein Bild von Ihrem Leben wird er sich wohl machen? Ziemlich einseitig. Genauso einseitig wird unser eigenes Bild von unserem Leben, wenn wir nicht bewusst gegensteuern.

Ein verblüffend einfacher Glücksbringer: das Glücks- und Dankbarkeitstagebuch. Regelmäßig, beispielsweise am Abend oder an einem Tag in der Woche, fünf kleine Stichworte aufschreiben. Was war heute schön, besser als erwartet, wofür bin ich dankbar? Kurze Notizen. Die verändern langfristig unsere Stimmung. Statt auf das zu warten, was nicht da ist, und alles Dramatische wichtig zu finden, konzentrieren wir uns für einen Moment auf die schönen Augenblicke. Und schon gehen wir mit einem guten Gefühl schlafen und finden am nächsten Tag mehr davon. Nicht weil mehr da wäre, sondern weil sich unsere Achtsamkeit darauf erhöht, was immer da ist.

Was jeder so aufschreibt, kann sehr unterschiedlich sein:
Der eine schreibt: Neben meinem Partner aufgewacht.
Der Zweite: Nicht neben meinem Partner aufgewacht.
Der Dritte: Mein Partner ist nicht aufgewacht.
Jedem das Seine.

Macht schreiben glücklich? Nein – aber geschrieben haben.

HIRSCHHAUSENS BUNTE BASTELBÖGEN
GLÜCKSKOMPASS
Glück gibt es in jeder Richtung!

✂ Hier schneiden!

FÜNF ARTEN DES GLÜCKS

1. DER GEMEINSCHAFT
Liebe, Beziehung, Verbindung zu Freunden, Familie, Kindern, Herzen. Das auf Dauer Allerwichtigste. Schätzen, pflegen, fortpflanzen.

2. DES ZUFALLS
Engl.: luck oder serendipity. Fortuna, günstige Gelegenheiten, lustige Begegnungen, Fundstücke. Der Groschen auf der Straße. Sehen, ergreifen, freuen.

3. DES MOMENTES
Engl.: pleasure. Sinnliches wie Schokolade, Massage, besser: Zeit nehmen. Zärtlichkeit, der erste Schluck Bier. Mehr davon ist nicht automatisch besser, Zeit nehmen, spüren, genießen.

4. DER SELBSTÜBERWINDUNG
Engl.: flow. PINGUIN schlägt Schweinehund. Sich herausfordern, anstrengen, ins Kalte springen, schwimmen, wachsen.

5. DER FÜLLE
Engl.: bliss oder beauty. Das Boh-ey-Glück. Schönheit der Natur, der Schöpfung, Erfahrung der spirituellen Stille aushalten, Natur erleben, gut sein lassen.

HIER und JETZT

DR. MED. ECKART VON HIRSCHHAUSEN

ANLEITUNG:
1.) Kompass ausschneiden
2.) Eine leere Dose mittig lochen
3.) Mit einer Flügelklammer befestigen
4.) Finde dein Glück – in jeder Richtung!

«Alles hat zwei Seiten, mindestens!»

Heute könnte ich …

… mir eine Stunde Zeit nehmen und meine Lieblings-CD von vorn bis hinten ohne Unterbrechung anhören.

1. Glück der Gemeinschaft. Alles, was mit Liebe, Freundschaft und Familie zu tun hat. Es ist für die meisten das Herzstück des Glücks und das größte Tortenstück. Die wichtigste Quelle des Glücks – und des Unglücks.

2. Glück des Zufalls. Der Glücksfall ist im engeren Sinne keine dauerhafte Quelle, denn Lottogewinner sind nach zwei Jahren nicht besser drauf als vor dem Gewinn. Und alle, die nicht gewinnen, sind nach dem Lottospielen noch ärmer dran. Der Einfluss äußerer Lebensumstände wird maßlos überschätzt.

3. Glück des Momentes. Der Genuss. Wer nicht genießt, wird ungenießbar. Aber wenn etwas gut ist, ist mehr davon nicht unbedingt besser. Genuss wird durch Intensität gesteigert, nicht durch Menge. Ein Glas Rotwein am Abend ist herrlich, drei Tetrapak über den Tag nicht. Ein Stück Schokolade genossen ist schöner als eine ganze Torte verschlungen. Ein Wellness-Wochenende ist besser als drei Wochen nur Massage. Nichts gegen Sex, aber 24 Stunden am Tag?

4. Glück der Selbstüberwindung. Anhaltende Zufriedenheit kommt nicht im Moment, sondern hinterher, zum Beispiel nach konzentriertem Tun, dem «Flow». Erfüllte statt totgeschlagene Zeit. Innerer Schweinehund überwunden, stolz drauf. Der Kaiserschmarrn schmeckt auf der Hütte besser als im Tal!

5. Glück der Fülle. Die überwältigenden Dinge des Lebens, über die man schwer schreibt, aber die das Leben erst vollständig machen. Stille, Natur, Musik. Glückseligkeit und Gänsehaut.

Natürlich überschneiden sich die Kompass-Kategorien in komplexen Fällen. Ein Beispiel, was es nicht einfacher macht, aber spielerischer: Das Liebesspiel kann Glück der Gemeinschaft stiften und zerstören, wenn eine Zufallsbekanntschaft dazwischenfunkt. Es kann genussreich sein oder Selbstüberwindung. Oft ist man währenddessen sehr glücklich, aber im glücklichsten Fall auch noch hinterher. Und wer aufhört zu rauchen, darf nach dem Sex auch einfach schweigen oder Musik hören. Alles klar? Los geht's.

Tagebuch schreiben ist nur etwas für Frauen?
Quatsch! Aber wem die Vorlage zu unmännlich ist, kopiert sich seine eigene.

Die Logik der Finanzkrise

Im Herbst fragen die Indianer im Reservat ihren neuen Häuptling:
«Wie wird der Winter?» Weil er sich nicht mehr mit den Geheimnissen
der Wetterkunde auskennt, sagt er vorsichtshalber:
«Ihr solltet viel Holz sammeln!»
Sicherheitshalber ruft er beim Wetterdienst an, und die sagen auch:
«Es wird ein strenger Winter.»
Daraufhin ordnet er an: «Sammelt noch mehr Holz!»
Ein paar Wochen später ruft er wieder beim Wetterdienst an:
«Wird es ganz sicher ein harter Winter?»
«Ja, wir haben untrügliche Zeichen.»
«Was denn?»
«Unter uns: Die Indianer sammeln schon seit Wochen Holz!»

KOPIERVORLAGE

Wie geht's uns denn heute?

GLÜCKSTAGEBUCH   FÜR MÄNNER

Anleitung: Bevor Sie die To-do-Liste für morgen schreiben, vervollständigen Sie die Was-war-Liste von heute!

	Tag	Monat	Jahr
Heute war ich glücklich, als ...			

1

2

3

4

5

Analyse   **Dieser Tag war ein ...**

Bitte ankreuzen. ☐ Underachiever.   ☐ Average.   ☐ Overperformer.

PS: Bitte delegieren Sie diese Liste NICHT an Ihre Sekretärin ...

GLÜCKSTAGEBUCH FÜR MÄNNER

Anleitung: Bevor Sie die To-do-Liste für morgen schreiben, vervollständigen Sie die Was-war-Liste von heute!

Tag	Monat	Jahr

Heute war ich glücklich, als ...

1 Ich war richtig glücklich, als mein spießiger Nachbar im Urlaub war und ich auf seiner Rasenfläche eine ganze Tüte Wildgras ausgesät habe!

2 ... ich nur fünf Richtige im Lotto hatte und in Zukunft nicht so stinkreich sein muss.

3 ... ich mein Handy aus dem Klo gezogen habe und feststellte, dass es tauchen kann.

4

5

Analyse Dieser Tag war ein ...

Bitte ankreuzen. ☐ Underachiever. ☐ Average. ☐ Overperformer.

PS: Bitte delegieren Sie diese Liste NICHT an Ihre Sekretärin ...

«TU, WAS DU KANNST,
 ODER TU EINFACH SO.»

-------- NUR ALS BEISPIEL, NICHT KOPIEREN!
 SELBER ORIGINAL WERDEN!

Die wichtigste Stunde ist immer die Gegenwart,
der bedeutendste Mensch immer der,
der dir gerade gegenübersteht,
und das notwendigste Werk
ist immer die

Liebe.

Meister Eckart

Wie geht's uns denn heute?

Heute war ich richtig glücklich, als ...

Heute könnte ich ...

... jemandem einen spontanen Besuch abstatten, der früher für mich wichtig war. Eine Erzieherin, ein Lehrer, ein Mentor, eine prägende Gestalt auf meinem Weg. Auch wenn es lange her ist, macht ein «Dankbarkeitsbesuch» tiefe Freude – beiden Seiten.

Wie geht's uns denn heute?

Heute war ich richtig glücklich, als ...

Meine ROTEN KRINGEL

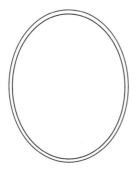 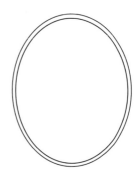

....
Name

....
Telefonnummer

....
Handynummer

....
Adresse

....
E-Mail

....
Geburtstag

....
Was uns verbindet …

....
Zuletzt gesehen am …
....

....
Name

....
Telefonnummer

....
Handynummer

....
Adresse

....
E-Mail

....
Geburtstag

....
Was uns verbindet …

....
Zuletzt gesehen am …
....

Rote-Kringel-Übung

1. Machen Sie Ihr Adressbuch auf, notfalls auch in Gedanken. Wer sind Ihre besten Freunde? Mit wem können Sie gemeinsam lachen, weinen und auch schweigen?
2. Machen Sie einen roten Kringel um diese Namen. Das müssen gar nicht viele sein. Wenn Sie unsicher sind, wer einen Kringel verdient hat, stellen Sie sich vor, Sie würden dort anrufen. Würde Ihnen auch der Anrufbeantworter reichen? Dann haben Sie schnell Klarheit …

«Gute Freunde erkennt man daran, dass sie immer da sind,
wenn sie uns brauchen.»

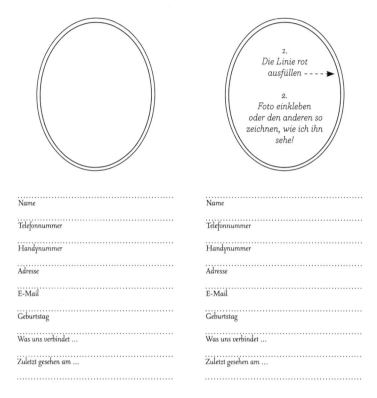

*1.
Die Linie rot
ausfüllen - - - ►*

*2.
Foto einkleben
oder den anderen so
zeichnen, wie ich ihn
sehe!*

Name

Telefonnummer

Handynummer

Adresse

E-Mail

Geburtstag

Was uns verbindet ...

Zuletzt gesehen am ...

Name

Telefonnummer

Handynummer

Adresse

E-Mail

Geburtstag

Was uns verbindet ...

Zuletzt gesehen am ...

3. Diese roten Kringel sind Ihre größten Glücksbringer und Schätze. Wie oft treffen Sie diese Menschen eigentlich? Oft sind es dummerweise genau diejenigen, die einem verzeihen, wenn man kurzfristig Treffen absagt oder verschiebt. Deshalb trifft man so oft die anderen aus dem Adressbuch, die ohne roten Kringel, bei denen das Absagen sich wirklich lohnen würde, aber man sich nicht traut. Und denken Sie daran: Es gibt Naturtalente, die verbreiten gute Laune, egal wo sie hinkommen. Und es gibt andere Naturtalente, die verbreiten gute Laune, egal wo sie weggehen ...

«Ein Freund ist einer, der dich mag, obwohl er dich kennt.»

SHIT HAPPENS! *So ist das Leben: Mal bist du die* TAUBE, *mal bist du das* DENKMAL.

Wie geht's uns denn heute?

Heute war ich richtig glücklich, als ...

Heute könnte ich ...

... mal wieder laut singen, zum Beispiel zur Melodie von

«Always look on the bright side»

Das Leben ist absurd
Vom Tod bis zur Geburt
Wir leben vorwärts, doch verstehn uns nur zurück
Es klingt wie Weisheit für die Binsen
Wenn's mal nicht läuft, versuch zu grinsen
Wer heute lacht, wird morgen erst verrückt ...

REFRAIN: Always look on the bright side ...

Wenn dein Banker dir erklärt
Dein Wertpapier ist nichts mehr wert
Dann haust du auf den Tisch, bis dass es kracht
Das Geld ist futsch, der Tisch entzwei
Die Faust in Gips, dann lern dabei:
Dass reich nur ist, wer beim Verlieren lacht!

REFRAIN: Always look on the bright side ...

Wer Ärger rauslässt, ist ihn los?
Im Gegenteil, so lernst du bloß
Das nächste Mal noch schneller hochzugehn
Komm von der Palme, hör auf dich
Denn wenn man sagt, ich ärgere mich
Frag dich nur kurz, wer ärgert denn hier wen?

REFRAIN: Always look on the bright side ...

Wir alle kommen aus dem Staub
Dorthin zurück geht's mit Verlaub
Doch wirbeln viele gerne viel Staub auf
Es ist auf Erden nichts von Dauer
Was bleibt, ist nichts, drum sei nicht sauer
Dein Jammern hält den Lauf der Welt nicht auf

REFRAIN: (Pfeifen)

○ Wie geht's uns denn heute?

Heute war ich richtig glücklich, als ...

Meine RESCUE-GLÜCKSBRINGER

☘ Ein wunderbarer Ort:

☘ Eine sehr glückliche Erinnerung:

☘ Musik, die mir Gänsehaut macht:

☘ Ein Traum von mir:

☘ Als ich klein war, hat es mich glücklich gemacht, wenn …

☘ Krisen, die ich überwunden habe (nur Stichworte!):

Tipp: Halten Sie sich an düsteren Tagen diese Seite direkt vor Augen!

🍀 Worauf ich stolz bin:

🍀 Am liebsten esse ich:

🍀 Ein perfekter Abend:

🍀 Mein Lebensmotto:

🍀 Entspannen kann ich am besten:

🍀 Drei Gelegenheiten, als ich meinen inneren Schweinehund schon mal überwunden habe:

30 GLÜCK KOMMT MIT ...

Wie geht's uns denn heute?

Heute war ich richtig glücklich, als ...

ES IST EINFACH,
GLÜCKLICH ZU SEIN,
SCHWER IST NUR,
EINFACH ZU SEIN.

Wer nicht mit dem **ZUFRIEDEN** *ist, was er hat, wäre auch* NICHT *mit dem* ZUFRIEDEN, *was er haben möchte.*

Wie geht's uns denn heute?

Heute war ich richtig glücklich, als ...

Meine PINGUINSTÄRKEN

Wer sie noch nicht kennt, kann sich die Pinguingeschichte auf www.Glueck-kommt-selten-allein.de durchlesen und herunterladen.

1 Was tue ich am liebsten?

2 In welchen Bereichen lerne ich schnell?

3 Wo fühle ich mich kompetent?

4 Was macht mir Freude? Und wann haben andere mit mir Freude?

5 Wann fühle ich mich in meinem Element?

Einen richtig wissenschaftlichen Test der eigenen Stärken kann man kostenfrei an der Uni Zürich durchführen unter   seelsorge / Christine
www.charakterstaerken.org

Heute war ich richtig glücklich, als ...

Heute könnte ich ...

... zwei Gedanken-Briefe schreiben: einen an meine Großeltern darüber, was sie an mich weitergegeben haben, und den zweiten an die Enkel-Generation darüber, was ich an sie weitergeben möchte.

Wie geht's uns denn heute?

Heute war ich richtig glücklich, als ...

ALLES, *was du hast, hast du von anderen.*
Alles, was du bist, bist du VON ANDEREN.
Nur deine GÄNSEHAUT *ist von dir selbst.*

Herman van Veen

Wie geht's uns denn heute?

Heute war ich richtig glücklich, als ...

Heute könnte ich ...

... öffentlich einen Orgasmus vortäuschen (wie in «Harry und Sally»).

> ### SCHLECHTE-LAUNE-KURZCHECK
> Eine Hand – fünf Finger – fünf Fragen.
>
> ---
>
> **1.** *Wann habe ich zuletzt was gegessen?*
>
> **2.** *Wann habe ich mich zuletzt unter freiem Himmel bewegt und durchgeatmet?*
>
> **3.** *Wann habe ich zuletzt geschlafen?*
>
> **4.** *Mit wem?*
>
> **5.** *Und warum?*
>
> ---
>
> So haben Sie die fünf größten Stimmungskiller an einer Hand abgehakt. Und dann können Sie gucken, ob die anderen schuld sind. Das ist die basale Physiologie der guten Laune.

Wie geht's uns denn heute?

Heute war ich richtig glücklich, als ...

Heute könnte ich ...

... etwas Schönes in meiner Umgebung fotografieren und jemandem schicken.

Wie geht's uns denn heute?

Heute war ich richtig glücklich, als ...

MEINE DUNKLE SEITE
DINGE, DIE ICH NOCH NICHT MAL MEINEM TAGEBUCH ANVERTRAUE

Heute war ich richtig glücklich, als ...

Heute könnte ich …

… mal wieder tanzen gehen. Wenn man ab und zu die Sau rauslässt, ist das nicht der schlechteste Teil der Persönlichkeit.

Wie geht's uns denn heute?

Heute war ich richtig glücklich, als ...

48 GLÜCK KOMMT MIT …

Heute könnte ich …

… in einem Fluss oder See schwimmen (im Winter auch darüberlaufen; im Sommer nur für Fortgeschrittene).

Wie geht's uns denn heute?

Heute war ich richtig glücklich, als ...

50   GLÜCK KOMMT MIT ...

Heute könnte ich ...

... jemandem etwas vorlesen.

Wie geht's uns denn heute?

Sieben Dinge über das Glück,
die Sie nie wissen wollten, aber eigentlich schon wissen

1. Menschen sind gerne unglücklich.
Davon kann jeder Arzt berichten: Hypochonder zum Beispiel – denen geht es nicht gut, wenn es ihnen gutgeht. Masochisten tut es weh, wenn es nicht weh tut. Singles fehlt der Partner. Wozu? Na, zum Glück! Offenbar lieben wir Schmerz, der nachlässt, mehr als neutrale Gefühle. Das erklärt auch, warum Frauen so gerne Schuhe kaufen, die einen Tick zu eng sind – für den kontrollierbaren Glücksmoment am Abend, wenn der Schmerz beim Ausziehen nachlässt.

2. Wir sind nicht auf der Erde, um glücklich zu sein.
Das Ziel der Evolution war immer: Überleben. Wenn Sie diesen Text hier lesen, hat Ihr Hirn seinen Job erfüllt! Glücksmomente sollen uns antreiben, unsere Überlebenschancen zu verbessern. Deshalb macht Essen Spaß. Deshalb macht Sex Spaß. (Einige erinnern sich.) Aber auf Dauer glücklich sein? Nein – das wäre der Tod! Die Urmenschen, die nach Mammutsteak und Orgie glücklich über die Wiese liefen, hat der Säbelzahntiger gefressen. Von denen stammen wir nicht ab. Wir überleben, weil Glück vorbeigeht und wir weiter dazulernen. Kein Mensch ist dazu verdammt, dauerhaft glücklich zu sein. Das ist eine frohe Botschaft.

3. Kein anderer Mensch ist dafür da, uns glücklich zu machen.
Die romantische Idee, dass es EINEN Richtigen gibt, macht seit Jahrhunderten die Menschen nur eins: unglücklich! Mal ehrlich: Wie wahrscheinlich ist es, unter sechs Milliarden Menschen den einzig richtigen zu finden – innerhalb der ersten 80 Lebensjahre? Damit man noch was voneinander hat ... Liebe dich selbst – dann können die anderen dich gern haben.

4. Shit happens.
Mal bist du die Taube, mal bist du das Denkmal. Glück kommt und geht. Unglück auch. Nur der Unglückliche denkt: Das bleibt jetzt für immer so. Eine der schönsten Nachrichten aus der Traumaforschung:

Menschen werden gar nicht so einfach aus der Bahn geworfen. Unser «psychisches Immunsystem» kommt auch mit fiesen Schicksalsschlägen meistens gut klar. Es braucht eine Zeit, aber zwei Jahre später sind wir nicht dauerhaft beeinträchtigt, oft sogar noch gestärkt. Unfälle, Krankheit, Trennung und Tod sind Teil des Lebens. Es gibt «das Böse» auf der Welt – warum, weiß Gott oder der Geier. Und ich hoffe inständig, es sind zwei verschiedene Instanzen.

5. Go for bronze!

Wer ist glücklicher, Silber- oder Bronzemedaillen-Gewinner? Richtig: Bronze gewinnt! Nicht das Ergebnis macht uns glücklich oder unglücklich – die Bewertung. Mit wem vergleicht sich Silber? Er schielt nach oben und flucht: Drei Hundertstel, und du hättest Gold! Bronze denkt: Drei Hundertstel, und du hättest gar keine Medaille! Bronze weiß: Richtig doof ist Vierter.

6. Wenn du wirklich was für dich tun willst, tu was für andere.

Wir können uns nicht selbst kitzeln. Es fehlt einfach die Überraschung. Wie beim Sex. Immer nur allein denkst du: Okay – war schön, aber ich hab's auch kommen sehen. Sinnlichkeit miteinander zu teilen macht mehr Spaß als allein. Glück auch. Glück kann man sogar weitergeben, ohne es selbst vorher gehabt zu haben! Glück ist ansteckend. Und jemand anderen glücklich zu machen bringt dir viel mehr, als deinen eigenen Bauch zu pinseln. Dafür haben wir sogar eigene Nervenzellen im Kopf, die Spiegelneuronen. Lache – und die Welt lacht mit dir. Schnarche, und du schläfst allein!

7. Liebe dich selbst, dann können die anderen dich gern haben.

Frauen fühlen sich nachweislich schlechter, nachdem sie eine Modezeitschrift durchgeblättert haben. Warum? Weil sie sich vergleichen: «Oh Gott, ich seh ja gar nicht so aus!» Was für eine Überraschung. Es ist normal, kein Supermodel zu sein. Ich war mit solchen Top-Schönheiten in Talkshows eingeladen. Ich habe die vor und in der Maske gesehen. Und was dort mit denen gemacht wird – dafür kommt jeder Gebrauchtwagenhändler in den Knast! Wenn Männer Zweifel an ihrem Körper haben, gehen sie in die Sauna, schauen sich um und denken: Ach, so schlimm ist es ja gar nicht. In der Sauna siehst du Menschen, wie Gott sie schuf und McDonald's sie formte. Es ist normal, über die Lebensspanne zuzunehmen: Ich habe mal drei Kilo gewogen!

Heute war ich richtig glücklich, als ...

Heute könnte ich ...

... mit meinen Kollegen einen Freiwilligentag organisieren: www.bagfa.de.

... eine Reise planen, auf der ich interessante Menschen kennenlerne,

und/oder sie zu mir einladen: www.servas.de.

... jemanden, der sich für andere engagiert, ehren: www.geben-gibt.de.

Heute könnte ich ...

... ein Gedicht schreiben.

... ein Gedicht auswendig lernen und in Bus oder U-Bahn laut vor mich hin sprechen. (Einfach ein Handy ans Ohr, dann wirkt es schon nicht mehr bekloppt.)

○ Wie geht's uns denn heute?

Heute war ich richtig glücklich, als …

«Willst du **RECHT BEHALTEN** *oder* GLÜCKLICH SEIN? *Beides geht nicht!»*

○ Wie geht's uns denn heute?

Heute war ich richtig glücklich, als ...

ANTI-ÄRGER-TRAINING

Wie kann man sich konkret vor geballter schlechter Laune schützen? Stress entsteht oft aus dem Gefühl der Hilflosigkeit. Ich bin ausgeliefert, leide und habe keine Ahnung, wie lange das noch so geht. Beim Zahnarzt ertrage ich Schmerzen, weil ich weiß, dass sie bald vorbeigehen. Es ist die chronische Überforderung, die uns krank macht und ausbrennt. Humor ist das beste Anti-Stress-Mittel. Aber wie bekomme ich diesen Wechsel der Perspektive hin? Dabei helfen fünf einfache Fragen, um die Bedrohlichkeit der Situation zu entschärfen:

1. Hilft es, wenn ich mich aufrege? Ist der Stress gerechtfertigt, bin ich wirklich in «Lebensgefahr»?
2. Ist jemand anderes in Lebensgefahr?
3. Wenn ich wüsste, ich habe nur noch drei Monate zu leben – würde ich mich dann damit beschäftigen?
4. Wenn ich versuche, die Dramatik einem vierjährigen Kind zu erklären, und das Kind weigert sich einzusehen, was daran so schlimm ist, wer hat recht?
5. Kann ich mir vorstellen, in fünf Jahren darüber zu lachen? Und vielleicht sogar in fünf Monaten und bei kleineren Katastrophen auch in fünf Minuten? Und warum nicht gleich?

Wie geht's uns denn heute?

Heute war ich richtig glücklich, als ...

«Himmlische» Begegnungen

Manchmal treffen wir Menschen genau zum richtigen Zeitpunkt.
Sie «erscheinen», bringen kleine oder große Geschenke, helfen, inspirieren, deuten.

Heute könnte ich ...

... mich daran erinnern, welche Auswirkung einmal ein «Engel in Zivil» auf mein Leben hatte. Wann habe ich zuletzt jemandem aus der «Patsche» geholfen?

Wie geht's uns denn heute?

Heute war ich richtig glücklich, als ...

UNGESCHEHENE TATSACHEN *lösen immer einen katastrophalen* MANGEL *an* FOLGEN *aus.*

Wie geht's uns denn heute?

Heute war ich richtig glücklich, als ...

GLÜCKWUNSCH!

Sie haben die Mitte des Buches gefunden, ohne sie zu suchen.
Probieren Sie das doch auch mal mit der eigenen Mitte.

Wie geht's uns denn heute?

Heute war ich richtig glücklich, als ...

GLÜCK KOMMT MIT ...

Heute könnte ich ...

... barfuß gehen.

Wie geht's uns denn heute?

HIRSCHHAUSENS BUNTE BASTELBÖGEN
GLÜCKSZETTEL
zum Ausschneiden und Einbacken. Ein Rezept für Glückskekse finden Sie unter www.Glueck-kommt-selten-allein.de

---

WILLST DU GLÜCKLICH SEIN, SEI KEIN FROSCH.

WIRF GELD AUF DIE STRASSE! JA, DIR WIRD'S NICHT FEHLEN, UND JEMAND, DER ES FINDET, FREUT SICH DEN GANZEN TAG DRÜBER. ES IST NICHT WEG, NUR WOANDERS.

Alle Menschen sind klug, die einen vorher, die anderen nachher.

IDEALISMUS IST DIE FÄHIGKEIT, MENSCHEN SO ZU SEHEN, WIE SIE SEIN KÖNNTEN, WENN SIE NICHT SO WÄREN, WIE SIE SIND. CURT GOETZ

Zu Risiken und Nebenwirkungen lesen Sie die Packungsbeilage und fragen Sie Ihren Arzt oder Apotheker.

BITTE WENDEN!

HARTE SCHALE, WEICHER KERN.

Ratschlag-Starschnitt #1 | *Ratschlag-Starschnitt #2* | *Ratschlag-Starschnitt #3* | *Glück-Starschnitt #4*

SINGE LAUT,
JEDEN TAG!

WER MIT DER PLANIERRAUPE VERFÄHRT. *Thomas C. Breuer*

WAS DU KAPIERST, SETZ FÜR DICH UM! UND WAS DU NICHT KAPIERST, KANNST DU IMMER NOCH IN FORM VON RATSCHLÄGEN AN ANDERE WEITERGEBEN.

Vorsicht: Dauerglück geht auf den Keks.

SCHMEISS ALLE DIÄTBÜCHER WEG! ES IST NORMAL, ÜBER DIE LEBENSZEIT ZUZUNEHMEN. **JEDER** VON UNS HAT MAL DREI KILO GEWOGEN!

Machen Sie ein Backup Ihrer Daten vom Laptop, Server und Handy – heute noch!

UMWEGE ERHÖHEN DIE ORTSKENNTNIS!

Geh zur Darmspiegelung!

GENIESS DEIN LEBEN! ES KÖNNTE DEIN LETZTES SEIN.

ALKOHOL SCHÜTZT VOR HERZINFARKT, ABER DENK DRAN: DIE LEBER WÄCHST MIT IHREN AUFGABEN!

Lachen ist die beste Medizin! Kinder lachen 400-mal am Tag, Erwachsene 20-mal, Tote gar nicht.

Hier falzen

Glück hat 2 *immer* Seiten »

Ist «Jammern auf hohem Niveau» nicht eigentlich unter Ihrem?

GLÜCK

GLÜCK HAT IMMER ZWEI SEITEN.

Glück-Starschnitt #4

Lies keine Modezeitschriften, du fühlst dich danach nur hässlich. Wenn du wissen willst, wie Menschen aussehen, geh in die Sauna.

Ratschlag-Starschnitt #3

REICH IST, WER WEISS, DASS ER GENUG HAT.

BEWAHREN SIE RINGE UND ANDERE KLEIN WERTVOLLE GEGENSTÄNDE NICHT IM BAD OBERHALB VON WASCHBECKEN MIT ABFLUSS AUF!

Vergib deinen Feinden, denn sie werden es hassen!

Alle Verallgemeinerunger sind falsch.

Ratschlag-Starschnitt #2   *Ratschlag-Starschnitt #1*

ICH WURDE TRÜBSELIG, ALS ICH AN DIE *Zukunft* DACHTE. UND SO LIESS ICH ES BLEIBEN UND GING **ORANGENMARMELADE** KOCHEN. ES IST ERSTAUNLICH, WIE ES EINEN AUFMUNTERT, WENN MAN ORANGEN *zerschneidet* UND DEN FUSSBODEN *schrubbt* D. H. LAWRENCE

Kauf keine
ELEKTRONISCHEN GERÄTE *von Leuten auf der Straße, die außer Atem sind!*

Schon seltsam, wie leicht man vergisst, dass alles, was man tut, für immer ist.

Hier falzen

MERK DIR KOMPLIMENTE! VERGISS KRÄNKUNGEN! UND WENN DU DAS HINKRIEGST: BITTE VERRATE MIR, WIE DAS GEHT.

Sei stolz auf jede Lachfalte um deine Augen!

LACHE – UND DIE WELT LACHT MIT DIR! SCHNARCHE – UND DU SCHLÄFST ALLEIN!

Es gehört oft mehr Mut dazu, seine Meinung zu ändern, als ihr treu zu bleiben.

VORSICHT MIT MÄNNERN, DIE IN DUNKLEN RÄUMEN SONNENBRILLEN TRAGEN UND NACH 18 UHR WEISSE SCHUHE.

Fremde Fehler beurteilen wir wie Staatsanwälte, die eigenen wie Verteidiger.

ES IST **LEICHT**, DAS LEBEN SCHWERZUNEHMEN, UND ES IST **SCHWER** DAS LEBEN LEICHTZUNEHMEN.

WAS SOLL DAS, WENN ETWAS NICHTS SOLL ALS EINFACH NICHTS SOLLEN? ERICH FRIED

Der Mensch ist unglücklich, weil er nicht weiß, dass er glücklich ist. Es ist nur das. Das ist alles, das ist alles! Findet das einmal einer heraus, wird er sofort, im

*Das Glü
zwei Sei*

Heute war ich richtig glücklich, als ...

LEBEN *ist wie zeichnen*
ohne RADIERGUMMI.

Wie geht's uns denn heute?

Heute war ich richtig glücklich, als ...

JAMMERLAPPEN – AUSWRING-TRAINING

1. INSPIZIEREN
Hören Sie sich selbst zu und schreiben Sie Ihre fünf typischen Jammersätze auf.

○ ....
○ ....
○ ....
○ ....
○ ....

2. KATALOGISIEREN
Ordnen Sie die Jammersätze nach Häufigkeit von 1 bis 5. So bekommen Sie Ihre persönliche Hitliste.

3. IGNORIEREN
Wenn ein störender Gedanke kommt, einfach Hallo sagen, wie zu einem Bekannten, den man nicht besonders mag, auf der Straße aber grüßt, ohne sich weiter mit ihm zu beschäftigen.

4. MODERIEREN
Werden Sie zum Dieter Thomas Heck in Ihrem eignen Hinterkopf! Moderieren Sie Ihre Jammer-Hitparade, wie damals im ZDF:
   Auf Platz 1 diese Woche: Heute ist nicht mein Tag.
   Platz 2: Immer ich!
   Platz 3: Immer die andern!
   Platz 4: Die Welt ist ungerecht.
   Und auf Platz 5 ein Evergreen: Meine Eltern sind an allem schuld!

5. AUSSCHLEICHEN
Was passiert? Man wird seiner eigenen Schlager irgendwann überdrüssig. Und dann heißt es von ganz allein:

> «HEUTE IST NICHT MEIN TAG – ZUM DRITTEN MAL DABEI – MUSS ICH NICHT WIEDER WÄHLEN!»

Heute war ich richtig glücklich, als ...

WER die QUAL hat, hat die WAHL!

Heute könnte ich …

… mir das Einkaufen erleichtern. Wenn ich mich nicht entscheiden kann, nehme ich bei einer großen Auswahl an Produkten immer das dritte von links aus dem Regal.

Wie geht's uns denn heute?

Heute war ich richtig glücklich, als ...

Heute könnte ich ...

... dem größten Buchclub der Welt beitreten, indem ich eins meiner gelesenen Bücher registriere, «auswildere» und in Umlauf bringe: www.bookcrossers.de.

... meinen Strom umstellen auf regenerative Energie: www.lichtblick.de.

... mit George Clooney «Utopist» werden: www.utopia.de.

Wie geht's uns denn heute?

Heute war ich richtig glücklich, als ...

Humor beginnt da, wo der Spaß aufhört

 Heute könnte ich ... lernen, meinen Lieblingswitz zu erzählen!

Beispiel:
Ein Mann geht frühmorgens im Nebel aufs Eis, um zu angeln. Er will gerade ein Loch hacken, da hört er eine tiefe Stimme von oben: «Hier gibt es keine Fische!» Er wundert sich, denkt, er habe nur geträumt, und hackt weiter. Wieder ertönt die Stimme: «Hier gibt es keine Fische!» Diesmal ist er sich sicher, das war keine Einbildung! Und ganz zaghaft wendet er seinen Kopf gen Himmel und fragt: «Herr, bist du es?»

«Nein», antwortet die Stimme, «ich bin der Sprecher des Eisstadions!»

Gute Witze enthalten einen wahren Kern, eine menschliche Eigenschaft, die wir alle kennen. Das Eisstadion steht für die Orientierungslosigkeit, in der wir uns alle mal befinden, wir hacken an der falschen Stelle, wünschen uns eine höhere Stimme, die uns sagt, wie das Leben funktioniert. Und die kommt dann auch – aber anders als erwartet. Und manchmal spricht Gott auch aus einem Stadionlautsprecher zu uns. In allen Religionen werden humorvolle Geschichten und Gleichnisse erzählt, um spirituelles Wissen zu vermitteln. Die Welt ist eben nicht schwarzweiß, sondern bunt und paradox – wie ein guter Witz!

Von der Philosophie zurück zur Praxis – wie verbessere ich mein Humor-Handikap?

Erstens: **SCHATZKISTE**

Sammeln Sie Witze, die Ihnen in Stil und Inhalt wirklich gut gefallen, die zu Ihnen passen, hinter denen Sie stehen können. Ist einem ein Witz selbst peinlich, überträgt sich diese Beklemmung auf den Zuhörer, und nach dem lauen Lacher kommt ein schlechter Nachgeschmack. Legen Sie sich eine «Schatzkiste» an: Notieren Sie Ideen, Witze, Sprüche, machen Sie Fotos von kuriosen Situationen und speichern Sie für eine passende Gelegenheit witzige Dinge, die es im Internet zuhauf gibt.

Zweitens: **HEIMLICH ÜBEN**

Üben Sie drei Witze richtig gut ein. Zuerst dort, wo ein Scheitern nicht weh tut. Eine Gelegenheit zu üben bietet das Telefon! Am Ende eines Gesprächs einfach fragen, ob man noch kurz einen Witz erzählen darf. Ihr Übungswitz liegt anfangs noch neben Ihrem Telefon, mit jeder Wiederholung werden Sie sicherer. Keine großen Reaktionen beim anderen erwarten; wer gerade im Großraumbüro sitzt, wird nicht so laut lachen, als säße er in einer Kneipe oder im Theater. Dranbleiben.

Drittens: **ÖFFENTLICH ÜBEN – UND MIT FREUDE SCHEITERN**

Ein humorvoller Umgang mit sich und der Welt ist am besten in peinlichen Momenten zu trainieren. Erst wenn ich die Angst vor einer potentiellen Blamage verliere, bin ich frei und kann auf Situationen spontan reagieren. Und wenn mal ein Witz oder eine Bemerkung danebengeht – mit Freude scheitern! Das Schlimmste, was man sich am Ende seiner Tage vorwerfen müsste: Ich bin noch nicht mal gescheitert! Wirklich lernen kann man Komik nur in der Arena, im Kampf mit der Bestie namens Zuhörer. Thomas Edison hat jahrelang an der Glühbirne gebastelt, nichts hat funktioniert. Er wurde in einem Interview gefragt: «Wie haben Sie das ausgehalten, so viele tausend Male zu scheitern?»

«Ich bin nie gescheitert. Ich habe erfolgreich Wege eliminiert, die nicht zum Ziel führten», antwortete er.

Heute könnte ich ...

... trainieren, achtsam zu genießen: zum Beispiel eine Rosine mit allen Sinnen auf der Zunge zergehen zu lassen und mir dafür richtig Zeit zu nehmen. Der Rekord liegt bei über einer Stunde. Diese Übung geht notfalls auch mit einem Stück Schokolade.

SCHADE,
dass man einen WEIN
nicht STREICHELN
kann. Kurt Tucholsky

Wie geht's uns denn heute?

Heute war ich richtig glücklich, als ...

Heute bin ich mal kleinkariert!

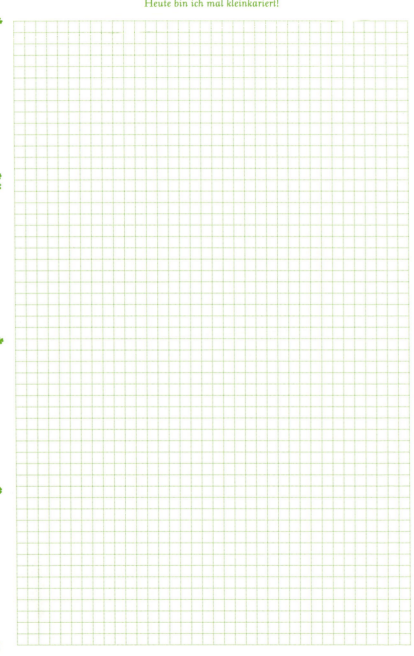

○ Wie geht's uns denn heute?

Mein BERUFUNGS-CHECK

1. Würde ich das, was ich für Geld tue, auch ohne Bezahlung tun?

2. Denke ich: «Erst die Arbeit und dann das Vergnügen», oder macht mir mein Job auch währenddessen Freude?

3. Nutze ich meine wesentlichen Stärken in meiner Arbeit?

4. Bekommt es jemand mit, wenn ich mich anstrenge? Bekomme ich mit, wenn jemand mitbekommt, dass ich mich anstrenge?

5. Bin ich überfordert? Oder unterfordert?

6. Lerne ich noch etwas dazu?

7. Wenn ich nochmal von vorn anfangen könnte – würde ich so etwas wieder machen?

8. Arbeite ich mit Menschen, mit denen ich gerne zu tun habe?

9. Freue ich mich am Morgen auf etwas anderes als auf die Pausen und den Feierabend?

10. Lerne ich noch etwas dazu?

11. Trage ich zu einem Wert bei, der größer ist als ich, der über mich hinausweist, der auch weiter Bestand hat, wenn ich nicht mehr da bin?

12. Macht die Arbeit für mich Sinn? Und für andere auch?

Was sagt Ihnen jetzt Ihr Gefühl? ----------------------------------
(Achtung, die richtige Lösung finden Sie nicht am Ende des Buches – nur in sich.)

Heute war ich richtig glücklich, als ...

Keine Angst vor dem Offensichtlichen

Holmes und Watson gehen zelten. Mitten in der Nacht wacht Holmes auf, schaut sich um und rüttelt Watson.
«Watson – blicken Sie nach oben und sagen Sie mir, was Sie dort sehen!»
«Ich sehe zahllose Sterne.»
«Und was schließen Sie daraus, Watson?»
«Nun, nach dem Stand der Sterne ist es etwa Viertel nach vier. Nach der Klarheit des Himmels wird es morgen ein schöner Tag, und als Philosoph denke ich, wie klein und unbedeutend wir im Verhältnis zum Weltall sind.
Und was schließen Sie daraus, Holmes?»
«Jemand hat unser Zelt geklaut!»

Wie geht's uns denn heute?

Heute war ich richtig glücklich, als ...

Heute könnte ich ...

... gezielt eine falsche Entscheidung treffen. Manchmal ist eine falsche Entscheidung besser als gar keine.

○ Wie geht's uns denn heute?

Heute war ich richtig glücklich, als ...

ÜBUNG · EXPRESSIVES SCHREIBEN

Es gibt eine Schreibmethode, die etwas mehr Platz braucht als dieses Tagebuch. Aber bevor Sie platzen, holen Sie sich einen großen Stapel Papier und probieren Sie es einfach einmal aus: das expressive Schreiben. Die Idee stammt von James Pennebaker, der die spezielle Methode des «Sich-was-von-der-Seele-Schreibens» entwickelt hat. Über fünf Tage schreibt man konzentriert jeden Tag 15 oder 30 Minuten lang über ein Ereignis, zum Beispiel das Schmerzhafteste, was einem jemals passiert ist. Wichtig dabei ist, ohne groß nachzudenken loszuschreiben, was einem dazu einfällt. Es gibt kein richtig oder falsch, Hauptsache, «es fließt». Am besten, Sie nutzen das ganze Zeitlimit, hören aber dann auch wirklich auf und grübeln oder schreiben nicht weiter. Morgen ist auch noch ein Tag. Jeden Tag beginnen Sie wieder von vorn, die «gleiche» Geschichte neu zu erzählen. Denn die wird sich durch das Aufschreiben verändern, von Version zu Version. Was das bringt? Im Gegensatz zu einer Kontrollgruppe, die über ein neutrales Thema Texte verfasste, verbesserte sich der Gemüts-zustand der expressiven Schreiber nachweislich. Sie waren weniger depressiv, erzielten bessere Noten, gingen seltener zum Arzt und stärkten ihr Immunsystem. Und das alles ohne Medikamente und fremde Hilfe, einfach mit Papier und Bleistift. Wie es zu der Wirkung kommt? Vor dem Aufschreiben beschäftigt und belastet uns ein Ereignis oft in diffusen Bildern, die chaotisch und schmerzhaft immer wieder im Kopf aufzucken. Durch das Schreiben geben wir ihnen eine Form. Wir ordnen sie, machen sie beherrschbar und beginnen, darin auch einen Sinn zu sehen. Besonders heilsam sind Texte, die Wörter enthalten, die Ursache/Wirkung und Verstehen signalisieren. Offenbar wird durch die schriftliche Wiederholung nicht etwa die Verletzung noch tiefer eingegraben, sondern eine andere Sichtweise geübt. Über die Tage wird die neue Art, über das Ereignis zu reflektieren, gleich «eingeschliffen». Ich schreibe auch manchmal expressiv. Manchmal schreie ich auch zuerst, und dann schreibe ich. Zum Beispiel, wenn ich zum wiederholten Male in ein Fettnäpfchen getreten bin und denke, die Auswahl an Dummheiten auf der Welt ist groß genug, warum probiere ich immer wieder die gleiche? Auf meiner Not-to-do-Liste steht bereits: «Ein Gespräch mit jemand Wichtigem mit einem Vorwurf beginnen», «Wenn man vor einem Termin hungrig ist, Pizza aus der Pappe über einem teuren Anzug im Auto essen» oder, auch sehr beliebt: «Wenn man schon zu spät ist, neue Abkürzungen probieren.» Mit der Zeit destilliert sich so eigene Lebensregeln heraus wie: «Nichts ist so dringlich, dass es nicht durch weiteres Aufschieben noch dringlicher werden könnte.» Muss es denn immer etwas Belastendes sein, über das man expressiv schreibt? Nein, es darf auch etwas Lustvolles sein. Tagebuchschreiben kommt einem vielleicht wie verschwendete Zeit vor, weil man in der Zeit ja nichts Neues erlebt oder jemand Neues kennenlernt. Aber für sich schreiben kann die Dauer einer Beziehung mit je-mand anderem nachweislich verlängern. Junge Paare sollten für eine Studie an drei Tagen 20 Minuten lang über ihre Beziehung schreiben. Die Kontrollgruppe schrieb über alltägliche Aktivitäten. Vorher und drei Monate danach wurde die Zufriedenheit erfragt. Die kleine Intervention hatte eine große Wirkung! Nur die Hälfte der Paare aus der Kontrollgruppe war noch zusammen, aber 77 Prozent der expressiven Schreiber! Wie können dreimal 20 Minuten über drei Monate wirken? Einen Hinweis liefern die Wortwahl in den SMS, die ebenfalls ausgewertet wurden. Wer über die Beziehung für sich geschrieben hatte, verwendete anschließend öfter emotional positive Wörter in der SMS an den Liebsten. Und wie man in den Wald hineinstimmt, so schallt es zurück. Vor allem wenn der Mann bei seinen 160 Zeichen etwas gefälliger wurde, kamen auch eindeutige Zeichen von der Frau zurück. Die Übung hat offenbar eine Beziehungsdynamik entfesselt, die im besten Fall pro 20 Minuten Investition einen Monat mehr Partnerschaft erbrachte. Und das, obwohl man in der Übung gar nicht miteinander reden musste, sondern jeder für sich etwas schrieb. Altmeister Watzlawick hat gesagt: «Man kann nicht nicht kommunizieren.» Noch nicht mal mit sich selbst. Ich frage mich nur: Was bedeutet «LG» bei einer SMS: «Liebe Grüße» oder «Du bist es mir nicht wert, alle Buchstaben zu tippen und dafür eine zusätzliche SMS anzufangen …»?

Heute war ich richtig glücklich, als ...

«Wenn sich jemand **VORNIMMT** zu SCHEITERN, und er schafft es, was hat er dann GETAN?»

Wie geht's uns denn heute?

Heute war ich richtig glücklich, als ...

Heute könnte ich …

… mir ein gutes Buch über positive Psychologie besorgen; Vorschläge auf www.Glueck-kommt-selten-allein.de.

Wie geht's uns denn heute?

Heute war ich richtig glücklich, als ...

GLÜCKSTIPPS FÜR DEN UMGANG MIT DEM ZUFALL

«Zufall» klingt schnell nach Glück- oder Pechhaben. Es ist klar, wer beim Roulette gewinnt – die Bank. Wenn wir Menschen um ihr «unverdientes Glück» und ihren Verdienst beneiden, lohnt sich ein zweiter Blick: Wie ist es wirklich dazu gekommen?

Wenn Bekannte in eine tolle Wohnung umziehen und man sie fragt: «Wie habt ihr die denn gefunden?», heißt es gerne: «Purer Zufall.» Glauben Sie denen nicht, die haben danach gesucht. Und das auch nicht allein. Sie haben jedem, den sie im letzten halben Jahr gesprochen haben, davon erzählt. Und dass irgendjemand irgendetwas hört, ist dann kein purer Zufall mehr.

Wir können Fortuna Arbeit abnehmen und sie gnädig stimmen. Wenn wir einen Herzenswunsch haben, lernen wir schon als Kinder beim Anblick einer Sternschnuppe genau das Falsche: Wir dürfen nicht darüber reden, sonst geht es nicht in Erfüllung. Wenn ein Wunsch, zu dem andere etwas beitragen können, in Erfüllung gehen soll, dann ist das Beste, was man tun kann, allen davon zu erzählen! Das gilt auch für Gespräche mit dem Weihnachtsmann und dem Partner. Wenn man eine Sternschnuppe sehen will, hilft es außerdem, in den Himmel zu schauen. Am besten, wenn es dunkel ist und sternenklar und im August!

Und wenn der Zufall wie ein Stern vom Himmel fällt, muss er gar nicht direkt in meiner Nähe landen. Es kann gerne Zufall sein, wo er genau landet, wenn es nur in meinem Glücksnetzwerk ist.

Wir können das Glück nicht zwingen, aber wir müssen es ihm und uns auch nicht unnötig schwer machen. Wenn Sie einen Partner suchen, müssen Sie nicht auf jede Party rennen – aber es könnte helfen, ab und an die Wohnung zu verlassen. Es sei denn, Sie stehen auf Postboten und Zeugen Jehovas.

Wie geht's uns denn heute?

Heute war ich richtig glücklich, als ...

Heute könnte ich ...

... über einen alten Friedhof spazieren. Ein Ort voller Menschen, die sich für unersetzlich hielten. Und den Vögeln zuhören und die Stimmen unterscheiden lernen.

Heute könnte ich ...

... mir einen schönen Spruch für meinen Grabstein ausdenken, zum Beispiel: «Typisch, jetzt, wo ich Zeit habe, kommt keiner vorbei.»

Wie geht's uns denn heute?

Heute war ich richtig glücklich, als ...

Die Kraft der zweiten Meinung

Ein Mann fällt in einen sehr tiefen Schacht. Aber er hat Glück und bleibt an einem dünnen Ast bei dreißig Metern hängen. Unter ihm der Abgrund, über ihm nur ein kleines Stück Himmel, der Ast ist dünn und seine Kräfte lassen nach. Er ruft: «Ist dort oben jemand?» Und tatsächlich teilen sich die Wolken, und eine Stimme spricht: «Ich bin es, der Herr: Lass die Wurzel los, und ich werde dich retten.» Der Mann überlegt kurz und ruft dann:
«Ist noch jemand anderes da oben?»

Wie geht's uns denn heute?

Heute war ich richtig glücklich, als ...

HIRSCHHAUSENS PACKUNGSBEILAGE ZUM TEE

So mache ich aus jedem Tee einen

GLÜCKSTEE

1. *Glück kocht auch nur mit Wasser – also Kessel aufsetzen.*

2. *Während das Wasser warm wird: Machen Sie jemandem eine Freude, dann wird es auch warm ums Herz.*

3. *Tee aufgießen und sich rasch entfernen. Denn ...*

4. *Während der Tee zieht, haben Sie fünf Minuten Zeit: Gehen Sie vor die Tür, tanken Sie Luft und Licht – bei jedem Wetter.*

5. *Genießen Sie den Tee. Im Sitzen. Und wenn Sie wollen, denken Sie kurz daran, was Sie alles haben: Tee, keine Zeit ... Und mit jedem Schluck Tee erfüllt Sie ein tiefes Gefühl der Dankbarkeit ...*

6. *... und irgendwann ist es Zeit, den Tee wieder loszulassen. Im Sitzen. Gerade die Männer.*

7. *Ignorieren Sie alle Anweisungen. Auch diese.*

WECHSELWIRKUNG:
Trinken Sie den Tee nicht, während Sie schlafen oder schwere Maschinen betätigen. Oder beides.

BEI ÜBERDOSIERUNG:
Abwarten. Und anderen Tee trinken.

Extra stark

Heute war ich richtig glücklich, als ...

Uhrenvergleich: Wie spät ist es in meinem Leben?

Es ist zu spät, um …

Es ist noch zu früh, um …

Gerade richtig, um …

Ich habe keine Zeit, mich um Prioritäten zu kümmern

 Wie geht's uns denn heute?

Heute war ich richtig glücklich, als …

Heute könnte ich ...

... mir eine Schachtel Pralinen kaufen und jeden Tag nur eine davon essen.

Wie geht's uns denn heute?

Heute war ich richtig glücklich, als ...

«Optimisten machen Sudoku mit Kugelschreiber.»

ÜBUNG
MEDITIEREN – BESSER ALS RUMSITZEN UND NICHTS TUN.

Wem das «Nichts»-Denken zu abstrakt ist, kann es auch mit einer gefühligeren Methode versuchen, die ebenfalls in Studien schon gezeigt hat, wie gut sie Menschen tut.

Die «Loving Kindness»-Meditation übt die liebende Güte. Warum klingen diese Begriffe auf Deutsch immer seltsamer als auf Englisch? Die Grundidee ist, sein Mitgefühl anderen Menschen gegenüber auszubauen. Dazu begibt man sich an einen ruhigen Ort, schaltet sein Handy aus, sitzt oder liegt entspannt und beginnt, sich jemanden vorzustellen, den man sehr liebt. Dieses Gefühl lässt man vom Herzen in den ganzen Körper sich ausbreiten. Anschließend stellt man sich jemanden vor, den man ganz nett findet, versucht aber dabei, das Gefühl von zuvor aufrechtzuerhalten, also das erweiterte Herz auf die zweite Person zu übertragen. Und während man sein Mitgefühl warm hält, stellt man sich weitere Menschen vor, von einzelnen zu vielen, von neutralen zu denjenigen, die man eigentlich nicht mag, nun aber mit Mitgefühl betrachtet. Klingt komischer, als es sich anfühlt, einfach einmal ausprobieren.

So etwas Ähnliches mag auch Jesus gemeint haben: Liebet eure Feinde, vielleicht schadet es ihrem Ruf. (Die zweite Hälfte des Satzes ist nicht sicher überliefert.)

Auf den ersten Blick wirkt das Allein-Sitzen «egoistisch». In Wirklichkeit verstärkt es das Mitgefühl für andere. Wer lieben kann und geliebt wird, hat mehr Freude, mehr Freunde und weniger Herzinfarkte. Üben kann man jeden Tag – auch ohne Meister.

Heute war ich richtig glücklich, als ...

Beginne den **TAG** *mit einem* LÄCHELN, *dann hast du es hinter dir.*

Wie geht's uns denn heute?

Heute war ich richtig glücklich, als ...

DU WILLST ANDERS SEIN?
ANDERE GIBT ES SCHON GENUG!

«Du bist widerlich», sagten die Möwen, die auf der Wiese nebeneinandersaßen. «Wir alle stellen uns mit den Schnäbeln zum Wind, nur du als Einzige machst es umgekehrt.»

«Schadet es euch? Es macht mir Spaß!»

«Du zerreißt unsere Gemeinschaft!», warfen sie der Individualistin vor und schauten weiter in eine Richtung.

Da schlich sich eine Katze an, setzte zum Sprung an, und nur die eine sah sie noch rechtzeitig, schrie: «Gefahr!», und der ganze Möwenschwarm flog hoch.

«Du zerreißt unsere Gemeinschaft», schimpften die vielen weiter ...

Gefunden bei Manfred Domrös, ehemaliger Pfarrer auf der Insel Hiddensee

Wie geht's uns denn heute?

Heute war ich richtig glücklich, als ...

HIRSCHHAUSENS BUNTE BASTELBÖGEN
ICH STELLE MICH UNTER EINEN GUTEN STERN

Sternbilder

IN 3 SCHRITTEN ZUM NEUEN STERNZEICHEN

1. Verbinden Sie am Sternenhimmel willkürlich irgendwelche Sterne miteinander. Sie müssen kein schlechtes Gewissen dabei haben, genauso sind auch die «richtigen» Sternbilder entstanden.

2. Welche Eigenschaften wollten Sie schon immer mal haben? Ordnen Sie diese Ihrem neuen Sternbild zu. Es gibt nichts Negatives, maximal liebenswerte Marotten.

3. Ab sofort stehen Sie unter dem Einfluss und dem speziellen Schutz dieser ganz individuellen kosmischen Konstellation. Spüren Sie es schon? Die Sterne lügen nicht!

«Sternbilder» lässt sich auch tagsüber mit jemandem spielen, der zu Sommersprossen neigt. Bitte nur wasserlösliche Stifte verwenden.

BEISPIELE

Eichhörnchen
Neugierig, agil, gerne draußen. Liebenswerte Marotte: Vergisst manchmal vor lauter Sammeln und Buddeln, was es schon alles hat (ähnelt darin dem Menschen).

Drilling
Das ideale Sternbild für multiple Persönlichkeiten. Immer gut drauf. Denn wenn zwei sich streiten, freut sich der Dritte!

Partymaus
Für alle, denen Jungfrau auf Dauer echt zu fad ist.

Haus vom Nikolaus
Das Sternbild der Bausparer und Ingenieure.

Heute könnte ich ...

... meinen Fernseher aus lassen! Fehlt mir wirklich etwas? Glückliche Menschen schauen selten fern und werden selber interessant.

Wie geht's uns denn heute?

Heute war ich richtig glücklich, als ...

ÜBUNG — **STILLE TATEN** —

Wer anderen eine Grube gräbt, fällt selbst hinein. Aber wer anderen eine Freude macht, freut sich «diebisch» mit an der doppelten Freude – und dazu muss man sich noch nicht einmal kennen.

In der Glücksforschung heißt so etwas «random acts of kindness», also «gute Taten mit Zufallsempfänger». An einer kostenpflichtigen Straße für den Fahrer hinter einem gleich mitbezahlen – da freut man sich den ganzen Tag. Oder einem Unbekannten einen Kaffee spendieren oder Blumen kaufen und jemandem vor die Tür stellen oder, oder, oder …

Die Freude-Geschenke sind ein richtiger Trend in den USA und England. Es ist die Umkehr der Rache: Statt jemandem etwas heimzuzahlen, zahlt man geheim. Hierzulande wurde die Idee bekannt durch «Stille Taten» im Internet oder Menschen, die in Berlin auf dem Alexanderplatz eine freundliche Umarmung anboten – einfach so. Kommt einem schon merkwürdig vor.

So erinnere ich mich an ein Weihnachtsfest, als ich eine sehr hübsche Postkarte bekam – und bis heute weiß ich nicht, von wem. Merk-würdig. Die Freude war größer als über viele «erwartete» Geschenke. Und wenn das jeder machen würde … käme es irgendwann auch an den Schenker zurück. Das ist die Magie von Weihnachten. Funktioniert aber an jedem anderen Tag besser als am 24.12. – denn da erwartet man es ja …

Wie geht's uns denn heute?

Heute war ich richtig glücklich, als ...

Heute könnte ich ...

... mir ein kleines Ritual überlegen: mir zum Beispiel diese Woche immer zur gleichen Zeit am gleichen Ort eine zehnminütige Pause gönnen und gucken, was passiert.

Wie geht's uns denn heute?

Heute war ich richtig glücklich, als ...

DA, WO ICH BIN, WILL ICH SEIN.
Alles andere war mir in meiner Vorstellung zu TEUER.

Jens Corssen

Letzte Chance: Heute könnte ich …

… mich beim Aufwachen fragen: Worauf freue ich mich heute?

… den Sonnenaufgang beobachten.

… einen Umweg zur Arbeit nehmen und etwas Neues entdecken.

… so wenig über andere urteilen wie möglich. Wie mir möglich.

… jemanden lange umarmen (wenn der zugestimmt hat).

… jemanden, der etwas besonders gut kann, neidlos bewundern. Und ihm das sagen.

… ein paar Flüche in einer anderen Sprache lernen.

… eine Stunde mit einem Kind spielen. Für Eltern: eine Stunde ohne Kind spielen.

… auf einem öffentlichen Fleckchen Erde etwas heimlich pflanzen.

… neun weitere Ideen entwickeln …

Wie geht's uns denn heute?

Heute war ich richtig glücklich, als ...

Achtung, Buchwechsel!

BEST OF
Meine GLÜCKSMOMENTE

ICH WAR SO RICHTIG GLÜCKLICH, ALS ...

Oh, schon voll? Machen Sie doch einfach im nächsten Buch weiter.

Ihr persönliches Best-of aus diesem Buch zum Übertragen oder Weitererzählen.

ÄRGER, DEN MAN NICHT GEHABT HAT, HAT MAN NICHT GEHABT!

Anleitung für den «emotionalen Airbag»

Achtung: Diese rote Nase kann Ihr Leben verlängern!

1. Vorbereitung treffen: Die rote Nase griffbereit verstauen (zum Beispiel im Handschuhfach).

2. Bedarfsfall erkennen: Plötzlich platzt Ihnen die Geduld (zum Beispiel Stau, Rechtsüberholer, Beifahrer).

3. Notfallmaßnahme: Sie sagen laut: «Ich könnte mich aufregen. Ich bin aber nicht dazu verpflichtet!» (Ärger nutzt schließlich niemandem und schadet einem selbst.)

4. Rote Nase aufsetzen. Wenn sie nicht die Sicht behindert, lässt die Straßenverkehrsordnung die rote Nase zu, sofern sie nicht durch Alkohol entstanden ist.

5. Anfänger schauen mit der Nase nach rechts und links. Profis wissen, du hast noch mehr Spaß, wenn du mit der roten Nase im Gesicht stur geradeaus starrst und dir die Gesichter der anderen nur vorstellst! Viel Spaß!

PS: Rote Schaumstoffnasen bekommen Sie in Spaß- und Zauberläden oder direkt bei www.HUMOR-HILFT-HEILEN.de

Farbe kann im Original von dieser abweichen - - - - - - - - - - - - - →

Meine
GLÜCKSQUELLEN

* Mehr über den Doktor ... hirschhausen.com

* Mehr zum Glück ... www.Glueck-kommt-selten-allein.de

* Mehr zum Helfen ... HUMOR HILFT HEILEN www.HUMOR-HILFT-HEILEN.de

immer bei sich tragen!

Ausschneiden und ...

Letzte Worte ...

LACHEN IST DIE BESTE MEDIZIN

... das weiß der Volksmund schon lange! Seit 15 Jahren gibt es überall in Deutschland Clowns in Krankenhäusern, die vor allem kleine Patienten aufmuntern, Hoffnung wecken und Lebensmut stärken.

Eckart von Hirschhausen unterstützt diese Idee von Anfang an: Mit der Stiftung **HUMOR HILFT HEILEN** trägt er dazu bei, dass die Idee bundesweit bekannt wird. Die Stiftung fördert die Vernetzung, Weiterbildung und Begleitforschung. Und neue Clown-Sprechstunden! Denn es gibt noch viele Kliniken und Ambulanzen, die ein Lächeln mehr brauchen könnten.

Sie dachten, nur Ärzte dürfen «überweisen»? Sie dürfen es auch!

SPENDENKONTEN

Stiftung HUMOR HILFT HEILEN	Stiftung HUMOR HILFT HEILEN
Konto 999 222 200	Konto 22 222
Postbank Hamburg	Sal. Oppenheim jr. & Cie. KGaA
BLZ 200 100 20	BLZ 370 302 00

www.HUMOR HILFT HEILEN.de